LES VOIX D'AUTORITE

Une clé pour le développement de l'Afrique

Annick IMBOU

© 2022 Annick IMBOU
Édition : BoD – Books on Demand,
info@bod.fr
Impression : BoD – Books on
Demand, In de Tarpen 42,
Norderstedt (Allemagne)
Impression à la demande
ISBN: 978-2-3224-5840-0
Dépôt légal: Octobre 2022

POURQUOI J'AI ECRIT CE LIVRE ?

J'écris ce livre pour l'amour que j'éprouve pour l'Afrique, ce continent où je suis née ; là-bas comme le disent plusieurs personnes, se trouvent mes racines. Je suis partie, mais mon cœur est resté attaché au pays de mes ancêtres. Je n'ai pas dit adieu, ce jour où sous un bruit ahurissant je pris mon vol pour aller étudier au pays de Molière. J'avais quitté l'Afrique, tout en emportant avec moi un bout de son histoire. Je suis née dans un pays ensoleillé où le soleil est au rendez-vous presque trois cent soixante cinq fois l'an. Chez nous, les fêtes des voisins n'existent pas, parce qu'on est tous frères. On peut passer d'une maison à une autre, pour aller chercher quelques ingrédients pour continuer sa cuisson, de l'eau fraiche, un fer à repasser, les échanges sont permis voire même normaux. On ne peut pas dormir le vendre vide, le pain du voisin, celui qu'on appelle frère arrive avant même que vous ne fermiez l'œil. Vous buvez un grand verre d'eau et la journée est sauvée. L'Afrique, ce continent, le seul que j'avais connu dès ma naissance. Les relations chaleureuses sont l'expression de cette vie sociale que j'ai toujours connue. Les chants que j'avais appris à l'école, nous rappelaient souvent le passé douloureux de ce continent. Je ne sais pas pourquoi, on ne chantait pas le bonheur. Avec le temps, j'ai compris qu'on cherchait à ce que nous gardions en mémoire l'histoire de notre continent. Certains partent avec des souvenirs lorsqu'ils quittent un lieu où ils ont vécu ; cependant, moi je l'ai quitté avec l'image d'un continent malade depuis longtemps. Les cours à l'université du moins dans la filière que j'avais choisie dès la licence, s'articulaient autour du développement de l'Afrique et du Congo en particulier. Il était souvent question de lutter contre la pauvreté. Aussi, pendant quelques années de ma vie, la situation a commencé à se dégrader dans les familles. De trois repas par jour, les familles ne se contentaient plus que d'un seul. La pauvreté s'est invitée au fur et à mesure dans nos assiettes. Elle est devenue la couverture avec laquelle on nous identifie malgré la richesse de ce continent. Une seule couverture que nous avons pris plaisir à porter par nous mêmes comme si nous n'avions pas les moyens de mieux nous habiller. J'ai alors compris que notre continent avait un sérieux problème. Il est malade. Voilà pourquoi les enseignants tentaient de nous enseigner sur le ou les possibles remèdes pour traiter cette maladie. Année après année, au fur et à mesure que je changeais de niveau, j'ai constaté qu'on nous parlait très souvent de la maladie dont souffre notre continent et des remèdes qu'on lui administrait depuis des années. J'ai entendu des enseignants avec des discours éloquents, mais je me suis toujours demandée pourquoi l'Afrique souffrait pendant toutes ces années. Ces hommes qui nous ont fait rêver par leurs connaissances historiques, anthropologiques, économiques, sociologiques et que sais-je encore... Cependant le visage de cette Afrique est toujours celui d'un malade. Alité depuis des années, elle voit les choses devenir de plus en plus complexe. J'ai réfléchi pendant mes années universitaires sur cette maladie qui mine notre continent ; j'ai vu défiler sous mes yeux les listes de remèdes, qui malgré leur pléthore, n'ont pas donné de résultats positifs. L'Afrique est malade, elle souffre. Je l'ai trouvé malade, et en la quittant, elle est toujours malade. J'ai lu, écouté les discours des historiens, des sociologues, sur la maladie dont souffre l'Afrique, et en particulier le Congo, mon pays d'origine ; je suis arrivée à la conclusion que le problème se trouve ailleurs. Voilà pourquoi j'ai pensé apporter cette réflexion qui, je vous l'atteste d'avance, n'entrera pas trop dans des débats politiques, juridiques, sociologiques, philosophiques, et autres ; mais j'ai pensé présenter ma réflexion de façon simple afin que même le jeune qui est en fin de premier cycle à l'élémentaire puisse, s'il est un amoureux de la lecture, comprendre et tirer le meilleur de cette réflexion. Je laisse l'histoire aux historiens, car ils savent mieux que nous conter les événements passés. J'aborderai cette question dans un langage commun, afin de permettre à un maximum de personnes d'être éclairées et de susciter en elles une véritable prise de conscience quelque soit le rang qu'elles occupent dans la société. Je vous prie de parcourir cet ouvrage avec beaucoup d'attention afin que vous sachiez tirer le meilleur de ce qui est développé à travers ces quelques lignes. Tout le monde a le droit de donner son avis sur des questions existentielles, mais ceux qui se taisent parce qu'ils ont peur de ce que penseront les autres sont loin de s'imaginer que la peur est une autre maladie et un ennemi du développement. Je vous invite à parcourir ces quelques lignes et à vous plonger dans cette réflexion dès maintenant.

INTRODUCTION

Riche de ses terres, de ses hommes, de sa position géographique, l'Afrique a toujours été l'objet de convoitises. Conter l'histoire de ce continent, c'est partir des événements qui ont marqué ce coin du monde depuis la nuit des temps. Plusieurs revendiquent qu'elle a été à une époque le berceau de l'humanité. Cependant, la véritable question est celle de savoir : qu'est-ce qui s'est passé ? C'était une époque de gloire, où elle était perçue par tous comme une plaque tournante de connaissances, d'hommes valides, de richesses naturelles, etc... Elle regorge dans ses sols d'énormes richesses dont l'exploitation reste encore à faire. L'Afrique vit encore à l'air de la lampe à huile dans certains cantons. Des terres inexploitées, des richesses enfouies dans le sol et malgré ce tableau si captivant, l'Afrique souffre. Alors que les autres continents ont connu une ascension fulgurante, l'Afrique est toujours en train d'appliquer des méthodes qui jusqu'à présent ne donnent aucun résultat convaincant et le développement tarde à venir. Nous a-t-on caché la vérité sur son état de santé ? Les remèdes qu'on lui propose depuis toutes ces années ne sont-ils pas le problème? En fait, dans la réalité, le médecin est celui qui fait le diagnostic, et il essaie de vous donner ensuite un remède approprié. S'il n'y arrive pas, il en essaiera d'autres, et si malgré tout, vous souffrez toujours, il vous enverra chez un spécialiste qui saura mieux apporter le remède adapté. Dans ce continent, il y a plusieurs pays, donc plusieurs malades avec des anomalies diverses. Il y a des paralytiques, des aveugles, des boiteux, etc... Tous autant qu'ils sont aspirent depuis plusieurs années au développement. Dans mon pays, il y avait même des spots qui affirmaient ceci : l'autosuffisance alimentaire d'ici l'an 2000. Et le temps nous a rattrapés, mais le rêve est resté un simple slogan. Maintenant, le mot *développement* a laissé la place au mot *émergence.* Comme si les mots allaient changer quelque chose. Parce que depuis, ils se sont peut-être rendu compte qu'atteindre le développement n'est pas une messe à faire. C'est fastidieux ! Toutefois, pour rester crédible vis-à-vis de cette population, il serait plus commode d'employer des mots simples et qui susciteraient, non pas seulement l'espoir dans le cœur de ceux à qui des années durant un rêve de développement a été vendu, mais par-dessus tout une volonté collective d'agir. Cependant jusqu'à nos jours, les pays demeurent dans la pénombre de la nuit sombre de la pauvreté. On annonce le développement comme on annonce l'arrivée d'un enfant. Mais contrairement à tout ce qu'on peut imaginer, l'enfant finit toujours par arriver, du moins à la date approximative qu'on avait annoncé à la mère. Cependant, nous attendons un développement depuis des années, une promesse qui décrédibilise ceux qui pour marquer leur temps ou asseoir leur pouvoir, nous ont vendu un rêve qui n'a jamais pu se réaliser. Cet ouvrage intitulé : *Des voix d'autorité, une clé pour le développement de l'Afrique*, tentera de mettre en évidence l'importance des voix d'autorité dans ce processus de développement ; des voix qui ne sont pas là que pour vendre un rêve mais pour l'amener jusqu'à sa réalisation. Cela reste à notre humble avis un remède simple et efficace censé guérir l'Afrique, et le Congo en particulier. Nous aborderons cette question en treize points qui sont liés les uns aux autres. De la maladie dont elle souffre au chapitre qui concerne les affaires, vous découvrirez dans un langage simple et clair notre réflexion sur la question de la marche de l'Afrique vers le développement.

Chapitre un

Ma maladie dure depuis longtemps

Riche en minerais, en terres arables, l'Afrique vit misérablement malgré cette richesse ; c'est comme un prince qui ne diffère pas d'un esclave dans la maison de son père, le roi, parce qu'il n'est encore qu'un enfant[1]. En fait, presque tous les pays africains fêtent leurs anniversaires d'indépendance chaque année. La République du Congo, par exemple a fêté, cette année 2022, son soixante deuxième anniversaire. Dans la réalité, ils fêtent des années d'infirmité, d'incapacité, de paralysie, de maladies. Des pays malades qui souffrent de maladies qui ont longtemps duré. Depuis des années, j'ai entendu ce même refrain : l'Afrique souffre, elle va mal, elle a du mal à décoller, à sortir de

---

[1] Bien qu'elle soit riche, l'Afrique est un héritier encore en bas âge et ne peut pas encore jouir de son héritage. Il est sous des tuteurs et des administrateurs jusqu'à nos jours. C'est ce à quoi nous assistons depuis fort longtemps.

la pauvreté. La pauvreté sévit dans ce continent depuis fort longtemps. Les livres d'histoires ne cessent de parler des maux qui le minent. Alors que certains pays ont vécu des temps de famine, de guerres et maintenant, ils voient le bout du tunnel. Ils ont été guéris de leurs maladies. L'Afrique est encore en soins intensifs, couchée, courbé par une maladie qu'on ne fait que *diagnostiquer* depuis toutes ces années. Je dis bien diagnostiquer. La maladie de l'Afrique fait l'objet de diagnostics à répétition. Chaque année, on ne fait que recenser les pays qui souffrent ainsi que leurs maux. Imaginez-vous un malade qui arrive dans un hôpital, il a été admis dans une chambre. Et tous les jours, un médecin vient pour établir un diagnostic et s'en va. Le jour suivant, un autre vient, il fait la même chose. Et les jours d'après, on assiste au même scénario. Nous avons affaire à un malade souffrant de maux de ventre aigus, de contractions, de vomissements. Tous les médecins ont donné le même diagnostic. Et le malade reste là dans cet hôpital, sans bénéficier de traitement d'appoint ; si traitement il y a, il se résume à des antidouleurs, pour atténuer la douleur, mais la maladie demeure. C'est la même chose avec l'Afrique, chaque année, les experts comme on les nomme, viennent faire des diagnostics et donnent les mêmes conclusions. L'Afrique est malade, elle souffre de ces maux : pauvreté, manque d'infrastructures sanitaires, éducatives, bancaires, industrielles, problèmes de gouvernance, problèmes de sécurité, etc... Une liste de maux est établie à chaque passage des experts. Ils viennent des pays qui ont pu se développer sous leurs yeux. Ils sont envoyés pour tenter d'analyser et de comprendre de quelle maladie souffre ce continent. Le malade est là et assiste à tout ce scénario, impuissant, parce qu'affaiblie par la maladie. Les années passent, mais il se plaint toujours de la même douleur. Et les experts en casquettes et blouses blanches, reviennent et font le même diagnostic, année après année. Et ensuite, ils nous laissent une facture que nous devons encore régler, celle des honoraires relatifs à leur travail. On trouve en Afrique, des malades qui souffrent de maux similaires. Il y a des boiteux, des paralytiques, des aveugles... tous déclarent souffrir depuis des années. Leur souffrance fait la une des émissions télévisées. On y montre des malades agonisant à la mort. La maladie est connue des experts. Cependant, chaque année, ils se présentent à eux sous des noms différents : PNUD, FMI, FAO, Unicef, Banque mondiale, etc. Des experts dont le travail est effectif seulement en Afrique, parce que sa maladie permet de maintenir ce genre d'emplois. Je dirais même que nos maux ont rendu leur profession visible et importante. Les enquêtes sont réalisées pour recenser les malades et comptabiliser leur nombre, pour ensuite les classifier par catégorie. L'Afrique regorge de plusieurs cas avec des maladies diverses et variées. Par ailleurs, les terres dont elle dispose ne sont pas complètement exploitées. Malgré cette richesse, l'Afrique souffre de faim, de pauvreté. Le jour se lève et le soir arrive, l'Afrique n'a pas toujours quelque chose à se mettre sous la dent. Le ventre vide, elle doit écouter le diagnostic des experts, un exercice qui n'est pas sans peine. Elle est consciente de sa situation, mais elle ne sait que faire et surtout elle ne cherche pas véritablement comment elle devrait s'en sortir, parce qu'elle s'est accommodée à son état. Les indépendances clament la liberté, mais qui en réalité n'en est pas une. L'Afrique est prisonnière et c'est cette maladie qui est la cause de cette situation. En fait, une personne malade est liée par la maladie qui exerce sur elle une pression qu'on ne peut s'imaginer. La liberté n'est pas l'amie du malade, car la maladie vous dépouille, vous prive de liberté. Une personne malade est souvent seule, elle vit dans l'isolement. Cet isolement n'est pas forcément physique mais peut être aussi mental. Cette maladie n'est pas d'aujourd'hui, les générations viennent et s'en vont, l'Afrique est dans un même état. Une maladie qui a brisé les rêves de plusieurs Africains, qui tentent au risque de leur vie d'affronter la mort dans des bateaux de fortune à travers l'océan, pour atteindre l'Europe ou l'Amérique, l'Eldorado. L'Afrique qui a fait rêver le monde, communiqué les connaissances et les savoirs, se vide peu à peu de sa population. Cette population n'arrive pas à se projeter dans le temps et dans l'espace, et il n'y a cependant qu'un petit groupe de personnes qui amasse tant bien que mal à lui seul les richesses que cette dernière possède. La souffrance devient contagieuse et les générations se déciment dans le feu de la faim, de la pauvreté, des crises politiques, sociales et ethniques. Ces différentes crises, disons-le sont des peines qui s'ajoutent à celles dont elle souffre, et qui se sont accentuées ces dernières années. Un Africain sur deux ne se projette plus en Afrique, mais rêve de partir pour fuir la souffrance et trouver le remède contre cette maladie générationnelle qui les tue en silence. L'Afrique sait qu'elle est malade et sa maladie a traversé les générations. C'est une maladie qui se transmet d'une génération à une autre, un héritage transmissible. Mon grand-père a connu ça, il est maintenant retourné à la poussière ; mon père vit dedans et moi aussi, je l'ai connu. Les historiens essaient de retracer l'itinéraire de cette maladie, avec des maux comme l'esclavage, la colonisation, la décolonisation ; mais cependant le malade se plaint toujours du même mal. L'éloquence des récits de nos historiens, sociologues, anthropologues n'a malheureusement pas eu grand écho, ni suscité une véritable prise de conscience parmi ces populations. Le désir de s'enfuir d'un continent, que certains qualifient de maudit, demeure dans les cœurs. Lorsque j'échange avec certains d'entre eux, ils ne cessent de dire : « nous souffrons ici, la situation n'est plus vivable ». Cependant, ils n'ont pas d'autre choix que de continuer à vivre là-bas. Comme, je l'ai dit, le malade bénéficie de façon régulière d'un diagnostic ou d'une expertise, pour jauger son pouls, ses battements de cœur, et voire s'il peut encore continuer à supporter la maladie. Le malade pense que le fait de voir les experts venir chaque année, est plutôt rassurant. Quelque fois, il se déplace pour aller se faire examiner dans les sommets internationaux, les rencontres ou colloques : c'est un moyen de continuer à bénéficier d'une prise en charge médicale. Ces pays participent aux sommets où l'on fait également un diagnostic sur leur état de santé. Voyons si la maladie a évolué ou si on peut encore continuer à envoyer des experts sur le terrain ! Une affaire qui reste fructueuse pour les plus futés : ceux-là se réjouissent de voir ce continent souffrir, malgré sa richesse. Sommet après sommet, ce sont les mêmes maux qui ressortent, comme si on s'attendait à les voir disparaître. La maladie de l'Afrique fait vivre les hôpitaux des autres continents, qui voient en ces malades un moyen de rentabiliser leurs structures et de poursuivre leur développement. La facture ne fait qu'augmenter, elle se calcule en minerais, or, argent, cobalt, pétrole, bois, cacao, etc... L'Afrique paie des frais énormes pour soigner sa maladie, avec des remèdes inappropriés, truqués, qui jusqu'ici ne l'ont pas guérie. Elle est victime de tromperies, mais reste attachée à ces remèdes miracles. En plus de la maladie, elle croit aveuglement aux thérapies qu'on lui propose. Chaque année, elle se présente pour tenter sa chance, peut-être qu'un jour la chance va lui sourire. Soixante années déjà pour les uns, voire davantage encore pour les autres : les pays africains sont dans un coma artificiel. Quel remède adéquat? Je vous invite à poursuivre notre voyage au chapitre deux.

CHAPITRE DEUX

Les années s'accumulent, le remède reste le même

Depuis toujours, les experts viennent avec leur solution ou remède. On remarque que les années passent, mais le remède reste le même. Pendant soixante années environ, le Congo comme les autres pays malades a été persuadé que ce remède était l'unique solution pour sa guérison. L'Afrique croit fermement que l'aide extérieure est la solution pour son développement. Les autres nations vont l'aider à se développer, elle y croit et attend toujours au même endroit et dans la même position, celle de la main tendue. Et pendant plusieurs années, elle attend sa guérison par les mêmes procédés. Les méthodes, les programmes d'ajustement n'ont pas changé. On continue à guérir la pauvreté avec le même remède qui ne vient pas de notre propre expertise, mais malheureusement il vient d'ailleurs. Ces experts en col blanc croient mieux connaitre l'Afrique que les Africains eux-mêmes. Pendant des années, on a constatée que l'Afrique est restée malade malgré leurs remèdes. Elle espérait la guérison grâce à ces mêmes procédés : les Programmes d'ajustement structurel ou l'aide au développement. Donc depuis toutes ces années, nous assistons à un carnage, car les malades ne sont toujours pas guéris. Avec des procédés rédigés dans les bureaux à l'étranger, peut-on espérer voir les malades être guéris ? Ils descendent de temps en temps sur le terrain, et proposent leurs remèdes; et prétendent que celui qui prendra correctement le remède sera guéri, quelle que soit sa maladie. C'est le même procédé pour tous les malades: les programmes ou l'aide. Quelle que soit la maladie, le traitement est le même et la guérison est possible pour le meilleur élève. Celui qui boit son médicament régulièrement sera guéri. Une sorte de guérison sous condition et de surcroit aléatoire, parce que les experts savent bien que le remède ne convient pas à la maladie. Nous assistons à des homicides des pays à la chaine en plein XXIe siècle. En fait le remède que l'on donne à l'Afrique n'est pas destiné à le soigner, mais à le maintenir dans son état. Ils savent très bien que ce traitement n'est pas adapté à son état, son handicap. Or, la condition soumise à ces pays, est que s'ils veulent se développer, ils doivent appliquer intégralement ces programmes. Les soignants disent que ce n'est que de cette façon que vous serez guéris. Cependant, ils savent bien que ces malades au regard de leurs états ne seront pas en mesure de le faire, car ce n'est pas le remède approprié. La vraie question est celle de se demander comment ces pays malades procéderont? Tout le monde est logé à la même enseigne pour atteindre le développement. Bizarrement, malgré ces plans, l'Afrique est toujours devant ses frontières, entrain d'attendre le remède miracle. La chose la plus regrettable, c'est qu'on traite la pauvreté depuis des années avec le même remède et cela depuis des millénaires. Regardons bien le contenu de ces programmes, ce ne sont que les dates qui ont changé, mais le contenu demeure le même. Sur les contrats, ce sont les dates qu'on actualise, mais le remède est le même. Les noms des experts peuvent changer, mais le contenu s'articule autour des mêmes procédés, loin de refléter la vraie réalité de ces pays.

Ce qui se passe, c'est comme si pour le paludisme, on donnait la quinine ; pour la typhoïde, la quinine ; pour les maux de ventre, la quinine ; pour les douleurs lombaires, on donnait également la quinine. Au final, ne s'agit-il pas d'un homicide auquel on assiste depuis des millénaires ? Un remède inchangé et répété chaque année. Et l'Afrique assiste à sa mort les yeux ouverts et allongée dans ses mines d'or, d'argent, de diamant, de cobalt, de pétrole, de gaz ; sa faune et sa flore, etc…Oui, effectivement, elle est là couchée sur un lit et se laisse administrer un traitement identique tous les ans, sans que l'on tienne compte de son état et des maux dont elle souffre. Pour la Covid, les laboratoires ont trouvé en un temps record le remède approprié, un fléau qui est apparu en 2019. Cependant, le remède contre la pauvreté tarde encore parce que les enjeux sont plutôt économiques et financiers. On a plus intérêt à ce que l'Afrique continue à croire à ce traitement truqué, que de la voir guérir. Car leurs laboratoires et leurs hôpitaux risqueraient de fermer. Donc il est de leur intérêt de cacher à l'Afrique le véritable remède contre sa maladie.

CHAPITRE TROIS

Je suis couchée sur mon lit

L'Afrique est couchée sur ses richesses, ses terres, ses valeurs, ses hommes et ses femmes, ses jeunes, sur tout ce qu'elle possède: c'est ce fameux lit. Une malade à laquelle on administre les traitements, couchée sur le lit. Elle est admise dans leurs hôpitaux, et vient se soigner avec son lit en main qui ne lui sert pas à grand-chose. Une malade qui vient au lieu de soins avec son lit. Pendant qu'on est entrain de la traiter, elle est couchée sur son lit. Cependant, elle ne s'imagine pas et ne sait pas que c'est ce lit qui va l'aider à amorcer ce fameux développement. Aujourd'hui, elle souffre et reste couchée sur toutes les richesses qu'elle possède dans son sol et son sous-sol. Lorsqu'on parle de l'Afrique, les narrateurs ne cessent de parler des énormes potentialités dont dispose ce continent ; limite même nous faire rêver d'une Afrique qui deviendrait semblable à la Suisse, comme l'avait déclaré l'ancien président du Congo, Pascal Lissouba. Lors de ses années au pouvoir, sa voix était porteuse de grands espoirs surtout pour les jeunes de ma génération. Il nous a fait rêver lorsqu'il évoquait toutes les richesses dont le Congo dispose, et disait que si nous les exploitions, le pays serait semblable à la Suisse. Ce qui bien évidemment était vrai. Malheureusement sa voix a été éteinte et le rêve de plusieurs jeunes s'est flétri comme une fleur en fin d'après-midi. Tous les pays d'Afrique disposent de richesses inexploitées ou mal exploitées ; malgré tout, on voit que leurs populations demeurent dans une position horizontale, c'est-à-dire couchée. L'Afrique est dans *une position horizontale*. Elle est malade, couchée sur sa richesse, et elle ne peut pas en jouir. Les richesses sont sous ses pieds, elle ne peut rien faire. Son lit sert aux experts ; pendant qu'ils lui administrent leurs remèdes, ils en profitent pour signer des contrats d'exploitation pour telles ou telles autres ressources. Cependant, l'Afrique reste quant à elle couchée avec sa maladie. Une malade qui ne se doute pas que le remède approprié se trouve avec elle. Ce remède n'a rien à voir avec celui qu'elle a connu jusqu'à maintenant. Il s'agit de ce lit, ou des richesses par lesquelles on l'identifie quand on parle de lui. Un continent doté de tant de richesses, le ciel l'a énormément béni. On y trouve des richesses qu'on ne trouverait pas ailleurs. Une jeunesse qui cependant serait aussi une mine d'or considérable pour elle, si et seulement si, l'Afrique sortait de ses croyances erronées en matière de développement. On soigne l'Afrique, en lui cachant que le remède à sa marche vers le développement se trouve avec elle, sous ses pieds. Ce lit est le moteur incontournable pour sa marche. Mais on lui laisse croire que les solutions sont celles qu'on lui propose depuis toujours, et on se moque qu'elle continue à souffrir et à croire en elles. Chaque personne a une identité : celle de l'Afrique, c'est sa richesse. Elle est malade mais riche, c'est-à-dire portant son lit. Elle répond présente dans les colloques, les sommets, chaque fois que cela est possible, avec sous son bras, ce fameux lit. Elle ne se doute pas que c'est cet objet qui est l'élément capital pour atteindre le développement. Elle ne peut pas se développer sans son lit. Elle a besoin de composer avec tout ce qu'elle possède pour son décollage. Les experts savent que le lit contribuerait à son développement, mais longtemps on lui a fait comprendre qu'elle n'avait pas besoin de ce lit, ni de le transformer. Les richesses de l'Afrique sont restées à l'état naturel. Aucune usine de transformation des ressources naturelles comme le pétrole, le gaz. Les experts ont dit à l'Afrique qu'elle n'a pas besoin de ce lit, toutefois ils s'engagent à lui apporter le produit fini. Alors elle reste avec son lit ne sachant pas qu'il est l'objet incontournable de son développement. Afrique, disent les experts, tu n'as pas besoin de tes richesses, laisse-les au sous-sol et nous nous viendrons avec des engins, pour extraire tout ça, aller les transformer chez nous et nous reviendrons vers toi. Toi couche toi là et nous t'apporterons le remède. Ne t'inquiète pas reste là près de tes richesses et nous viendrons de temps en temps avec le remède. Cependant, nous allons utiliser quelques richesses pour préparer ton traitement. Nous aurons donc besoin de ton pétrole, de ton or, de ton cobalt, de ton diamant, etc. Voilà comment l'Afrique reste là immobile sur ses richesses et espère en des soi-disant remèdes miracles. Et elle compte également sur les autres pour son développement.

CHAPITRE QUATRE

Je n'ai personne pour m'aider

Voilà ce qu'on entend, souvent de la bouche des Africains : nous n'avons personne pour nous aider. L'Afrique a soumis son développement à la volonté d'autres nations plutôt qu'à sa propre volonté. Pour elle, c'est les autres qui devraient la conduire vers son développement. Donc du coup, si elle ne s'est pas développée jusqu'à maintenant, c'est à cause des autres. Ils ne viennent pas pour l'aider et il n' ya personne pour lui faciliter l'accès au développement. Pourtant, depuis toutes ces années, cette question n'a cessé d'être posée aux dirigeants de ces pays : voulez-vous le développement ? Cela voudrait dire que le développement c'est d'abord une question de volonté propre. Cela ne regarde pas les autres. John C. Maxwell a dit que « nous pouvons obtenir tout ce que nous voulons si nous le désirons vraiment ». Mais souvent les Africains agissent comme des accusateurs plaintifs, ils disent que ce n'est pas notre faute, c'est la faute à : *Personne pour nous aider*. Cet individu qu'ils appellent *personne* est la raison pour laquelle ils sont encore malades. Personne n'étant là, l'Afrique reste malheureusement malade. Ils crient sur les antennes de télévision, dans les sommets internationaux, que si elle est encore pauvre, c'est parce qu'elle n'a personne pour l'aider à sortir de cette pauvreté. Elle oublie qu'elle est riche et qu'elle a plus qu'assez à vendre. Autrefois, elle avait vendu sa science à l'humanité et les autres se sont servis et ont changé leur situation. Aujourd'hui, c'est elle qui pleure en se plaignant de n'avoir personne pour l'aider à guérir de sa maladie, et ce malgré tout ce qu'elle possède. C'est la faute de l'aide extérieure, elle n'est pas suffisante pour nous sortir de la pauvreté, pense-t-elle. C'est la faute à ces programmes d'ajustement, trop contraignants pour nous. L'Afrique croit aveuglement que son développement viendra d'ailleurs, d'une main invisible. Et toutes ces années, elle attend sa guérison qui viendra des autres nations, lesquelles jusqu'ici n'ont aucun intérêt à la voir se développer parce qu'elles craignent pour leurs propres affaires. Longtemps, on lui a fait croire qu'elle ne pouvait pas se développer sans elles. Si bien que l'Afrique ne pense pas à construire ses propres usines : elle préfère dépendre des autres pour chaque produit qu'elle n'a pas. Contrairement à l'Afrique, les pays comme la Chine voient chaque problème comme une opportunité d'affaires. Si la Chine constate un manque, elle en fait une occasion de faire affaire. Elle va produire pour elle-même, mais aussi pour vendre aux autres. L'Afrique a été conditionnée à rester dans l'immobilisme et attendre tout de l'extérieur. Vous voulez de l'essence, permettez-nous d'extraire le pétrole chez vous et nous reviendrons avec de l'essence dont vous aurez besoin. Le Chinois n'a pas voulu se soumettre à une telle condition. Impossible n'est pas chinois. Dès qu'ils constatent qu'une chose n'est pas disponible chez eux, ils ont pour devise de le produire et combler ce manque. Pendant la Covid, on a réalisé que ce pays était une plaque tournante des échanges commerciaux dans le monde. Ce pays est arrivé à sortir de la dépendance, en faisant de ses besoins une occasion pour faire affaire. Brisant ainsi les chaines de la dépendance qui lient encore les pays d'Afrique. La Chine est un modèle à suivre. Ils ont fait de leurs faiblesses des opportunités d'affaires. C'est comme cela que cette nation est sortie de la dépendance et qu'elle a pu se positionner sur le plan mondial. Malheureusement, ceux qui ne réussissent pas sont souvent ceux qui critiquent ou accusent les autres d'être responsables de leurs malheurs. L'Afrique accuse les autres nations de les abandonner et de ne pas leur apporter de l'aide. Un peuple qui vit de l'aide ne pourra pas être souverain. La souveraineté est aussi fonction de la position occupée dans la sphère économique. Un peuple indépendant peut décider par lui-même. Regardons les pays africains : ils ne sont pas souverains, parce qu'ils ne sont pas indépendants. Ils vivent au crochet des autres pays. Leurs mains sont au-dessous de celles qui donnent. Parce qu'ils attendent tellement de recevoir pour commencer à marcher. Ils disent souvent : je n'ai personne, je n'ai rien. Et ils sont témoin de l'ascension des pays qui autrefois étaient en retard comme eux, mais qui ont rattrapé et largement dépassé leur retard. Les pays émergents deviennent des véritables partenaires d'affaires. Ils vendent leur savoir-faire, leurs produits, et peuvent continuer à peser dans les échanges commerciaux. Ce qui n'est pas encore le cas pour l'Afrique. Ceux-ci, contrairement aux pays africains, ont rendu leurs territoires attractifs. Par conséquent, les Africains, même pour assainir leurs territoires, attendent que les autres leur viennent en aide. Par exemple, les rues sont impraticables en saison de pluies ; pire encore, elles sont insalubres, et l'Africain s'y plait dans ces conditions-là. Devrons-nous, même pour assainir nos pays, attendre l'aide de l'extérieur ? Pour ne parler que de cet aspect gênant qui est responsable de plusieurs maladies, telle que la typhoïde. Quand on pense à cette question d'hygiène, en Afrique, on réalise que le problème est vraiment profond et nécessite une véritable éducation de la population. Cette éducation est possible, nous abordons cet aspect au chapitre huit. Si vous voulez le découvrir continuer la lecture avec nous.

CHAPITRE CINQ

Les autres se développent sous mes yeux

L'Afrique malade assiste au développement des autres nations. Elle tente le tout pour le tout, mais le remède qu'on lui donne est trop contraignant, et surtout ne convient pas. Sa maladie l'empêche d'atteindre le développement. C'est un malade qui est couché sur son lit et voit les autres se relever rapidement avant lui et connaître l'essor, avec très peu de richesses comparé à ce qu'elle possède. Le nombre d'années de sa maladie n'a pas non plus arrangé les choses ; sa situation a empiré. Depuis des années, les présidents qui se sont succédé l'ont vu couchée ; ils sont morts, et l'Afrique est toujours couchée sur ses richesses, ce qui explique qu'elle n'arrive pas à se développer. Le temps qu'elle se relève de l'esclavage, la colonisation est arrivée, ensuite ce sont les guerres et les crises politiques et tout cela l'a empêchée de penser à son développement. Pendant ce temps, les autres nations classées dans la même catégorie qu'elle, émergent sous ses yeux. Lorsqu'on évoque leur émergence, souvent on atteste qu'elles ne possèdent pas des sols aussi riches que ceux qu'on peut trouver en Afrique. Mais elles se sont engagées à sortir de cette catégorie. Cependant, la situation de l'Afrique n'a pas énormément changé. La pauvreté et la misère courent à grande vitesse dans les rues, et les maisons sont construites avec les briques aux couleurs de la souffrance ; excepté quelques constructions qui, au regard de leur nombre ne peuvent pas cacher cette misère. Elle se lève pour essayer de marcher, mais sa marche est alourdie par les remèdes contraignants, et trop tard, une autre nation passe avant elle. C'est ce scénario que vit l'Afrique dans le monde. Il y a des nations malades alitées, couchées et qui sont en retard quant à leur développement. Elles arrivent trop tard et voient les autres monter en puissance. Elles *assistent* à leur montée. Hier la Chine gisait dans les eaux de la pauvreté, avec une population grandissante et un manque criant de nourriture. Aujourd'hui, la Chine devient le grand fournisseur des autres nations et les

Chinois peuvent s'assoir à la table des grands pour négocier et peser dans les échanges mondiaux. L'Afrique assiste à la croissance des autres continents, impuissante parce qu'elle a accepté la position que sa maladie lui a infligé. Il y a également ces fameux remèdes qu'on lui donne, les dirigeants l'acceptent en échange de quelques maigres avantages qu'on leur accorde pour se maintenir au pouvoir. Coucher veut dire entre autres faire tomber quelque chose ou quelqu'un à terre de tout son long. C'est aussi l'abattre, le jeter à terre, le courber, l'incliner. Il y a pléthore de significations que l'on peut donner à ce mot. Coucher veut aussi dire vider. L'Afrique est en train d'être vidée de ses forces par de tels remèdes et n'arrive plus à se relever et à prendre la marche vers le développement. L'Afrique a été vidée de ses forces par des discours humiliants, la faisant passer pour un continent dont les habitants ne valent rien, sans intelligence. Alors qu'elle a été autrefois le berceau de l'humanité. Vidée de ses forces, de ses hommes qui parlaient à son oreille. Ceux ayant une voix d'autorité, elle en a été malheureusement privée. Comment ? Par une multitude d'assassinats ou de coups d'État ; les historiens nous retracent ces événements douloureux dans les livres d'histoire. Couchée sur son lit, « sans trop y croire », car « espérer sans espérance » n'est pas très heureux, qu'un jour ce sera son tour de guérir et de peser dans les marchés mondiaux grâce à ses richesses. La Chine est descendue avant elle dans les eaux du développement et elle a émergé ; de même que les pays tels que Singapour, Hong-Kong, le Japon, etc. Cependant, l'Afrique est restée couchée devant ces eaux du développement en train d'attendre son tour pour plonger. Autre part, la peur d'essayer, de se jeter à l'eau la tétanise. La peur l'empêche de devenir ce riche continent qu'elle a toujours rêvé de devenir. Elle a peur d'être abandonnée et de se retrouver seule. La peur du rejet mine l'Afrique et elle pense qu'elle n'est pas capable de se développer par elle-même avec tout ce qu'elle possède. Voilà pourquoi, elle n'a pas le courage de dire depuis toutes ces années que « votre remède n'est pas adapté à ma maladie ». Les autres nations ont eu le courage de faire elles-mêmes un véritable diagnostic et de conclure que le remède se trouve entre leurs mains et non pas dans celles des autres. L'intelligence et la volonté se trouvent en chacun de nous. Il suffit de les faire émerger afin de résoudre nos problèmes. Les Chinois et les autres ont compris que l'intelligence et la volonté sont données à tous, et donc accessibles à tous. Tout homme est doté d'intelligence, et la volonté nait des rêves que nous avons. La Chine a rêvé, elle a su qu'elle avait l'intelligence pour réaliser son rêve, et il n'a suffi que d'un stimulus ; pour qu'elle atteigne le sommet. Nous en parlerons largement au chapitre huit.

CHAPITRE SIX

Le traumatisme de l'esclavage

L'esclavage, ce terme qui réveille de douloureux souvenirs. Des hommes et des femmes ont été déportés vers le continent européen, ou américain, pour travailler de longues heures dans des exploitations agricoles du lever au coucher du soleil sous l'œil vigilant de maîtres armés de fouets. Cette situation d'extrême humiliation infligée à l'être humain a laissé des traces indélébiles, pour ne pas dire des traumatismes. Ces hommes et ces femmes ont été contraints à quitter de force leurs terres pour une terre qu'ils ne connaissaient pas. Ils ont subi des traitements inhumains, travaillé comme des esclaves, une condition qu'aucun homme ne peut accepter. Mais eux ont vécu, une histoire marquée par la douleur et l'humiliation. Aujourd'hui, la traite d'esclaves a été abolie, mais le traumatisme est resté. La condition de ces humains, dans des champs de canne et ailleurs, était pénible. Ils travaillaient durement et n'avaient pas le droit de parole. Le travail était une forme de soumission au maître, parce que ce dernier l'exigeait, à coup de fouets. Celui qui ne rendait pas le travail qu'on lui demandait était fouetté jusqu'à la mort s'il le fallait. Le travail n'avait rien d'attrayant pour eux, il a toujours été associé à la servitude dont ils étaient victimes. Un peuple qui a toujours travaillé pour vivre, et se construire ; cependant, il va connaître une expérience douloureuse. Le travail n'était plus perçu comme un moyen d'obtenir ce dont il avait besoin pour vivre, mais il représentait maintenant un moyen pour échapper à la mort. La vie de ces femmes et de ces hommes était conditionnée par le travail qu'ils étaient censés fournir aux maîtres. Ces derniers s'enrichissaient et vivaient leur vie grâce au travail des esclaves. Ils ont vu le travail les humilier, les détruire, les tuer, car il arrivait souvent que les gens mouraient suite à ces travaux forcés et ces traitements cruels. Le travail était cette monnaie d'échange contre la vie. Ils avaient en retour de maigres salaires, des avantages qui leur permettaient à peine de vivre. Ils vivaient dans des cases de fortune et n'avaient aucun droit à l'instruction. Ils étaient au service des maîtres à toute heure de la journée. Le travail avait perdu sa valeur, car il faisait penser au fouet, au soleil accablant, aux insultes et aux crachats, disons-le aux abus sexuels que les victimes devaient taire. Ils ont offert leur corps, leur dignité humaine sous couvert de ce qu'on appelait le travail des esclaves. Ils ont été réduits à des sous humains, des personnes sans valeur. Le travail n'a eu pour eux que des effcts traumatisants. À cause de tout cela, ces peuples ont maintenant une aversion pour le travail. Travailler pour les maîtres, c'est ce qu'ils ont appris toutes ces années. Travailler la peur au ventre, la peur de mourir. Surtout être au service d'un maître, d'un bourreau qui avait tous les droits sur vous. On a fait comprendre à ce peuple que le travail était au bénéfice des maîtres. Après l'abolition de l'esclavage, une autre forme de domination a pris forme, c'est l'époque de la colonisation. Et pendant cette période, l'Africain a été une fois de plus conditionné à travailler pour les maîtres ; cette fois-ci on les nomme les colons. Le traumatisme s'est poursuivi, le travail sert au profit des colons.

L'administration de l'époque coloniale a été conçue de telle sorte à servir les intérêts de ces nouveaux maîtres habillés en col blanc, cette fois-ci sans fouet à la main. Ils ont formé pendant leur règne des administrateurs, pour perpétuer leur mode de fonctionnement. Voilà, aujourd'hui les Africains considèrent le travail comme un avantage pour ceux qui les dirigent. Et ils se contentent de faire ce qu'on leur demande sans penser que le travail créé la richesse. Ils ont été formatés de manière à croire que le travail sert plutôt les maîtres ou les dirigeants et non pas eux. Ils se limitent à quelques efforts sans voir que le travail peut les amener vers le développement escompté. Malheureusement, le travail a perdu sa valeur.

CHAPITRE SEPT

Le far niente

Après les indépendances sur papier, l'Afrique est toujours en train soit de travailler pour les « *décolons* »[2], soit « *ne rien faire* » pour son propre développement. Malgré, la richesse, elle ne voit plus l'intérêt de travailler, car il n'y a plus de fouet. Le traumatisme de l'esclavage a perverti la valeur du travail et a introduit des nouveaux vices comme le far niente ou la politique du « *ne rien faire* ». Pourtant en grande souffrance, l'Afrique a choisi de ne rien faire, elle s'est accommodée à sa maladie. Elle a accepté sa situation, elle est couchée sur son lit. Dans les villes, on voit des personnes passer des journées à ne rien faire, à jouer à des jeux de cartes ou autres, à discuter de banalités : le far niente est devenu le mode de vie des Africains. Pendant que certaines personnes se

---

[2] Terme inventé par moi-même : ce sont ces colons qui ont quitté physiquement (corps) nos terres, mais ils ont laissé leur âme. Ils continuent à convoiter et à se servir du lit de l'Afrique.

prélassent au soleil après avoir gagné de l'argent, l'Africain, lui bronze au soleil les poches vides et le ventre affamé. Le sol et le sous sol regorgent de richesses, les terres d'exploitation sont immenses ; cependant, l'Africain dit qu'il n'y a rien à faire. Alors qu'il y a tout à faire. On comprend par là que quand il parle du manque d'emplois, il s'agit des emplois dans l'administration publique. Il s'attend à ce qu'on l'appelle pour venir travailler pour tel ou tel autre maître. Alors, il se dit, en attendant ce jour, je reste off ou je ne fais rien. Ce mode de vie est ancré dans la vie des Africains. Ils se réjouissent de dire que « nous sommes riches et les autres viennent se servir chez nous », mais nous refusons nous-mêmes de travailler à tort ou à raison. Mais je pense que c'est à cause de ce traumatisme qui les a amenés à ne pas voir les bienfaits du travail. Aujourd'hui, l'Africain préfère qu'on lui donne, plutôt que de chercher comment obtenir cette chose qu'il désire. Le plus aisé pour lui, c'est de recevoir simplement sans efforts. Contrairement aux autres nations comme la Chine, qui cherche en permanence à trouver les ingrédients qui ont permis de concevoir cette chose qu'elle n'a pas, et la concevoir elle-même. L'Africain passe son temps à ne rien faire et à demander qu'on lui apporte sa nourriture alors que l'Afrique a des terres cultivables en grand nombre. Il mange dans l'assiette des autres alors qu'il a une immense richesse qui n'attend que d'être exploitée grâce au travail. Le far niente n'est pas mauvais en soi, mais les Italiens le disent lorsqu'ils ont tout accompli, alors ils s'autorisent un temps de repos. L'Africain n'a encore rien accompli de fulgurant, qu'il se repose déjà et s'octroie des plaisirs éphémères. C'est le cas des diplômés : après avoir décroché leur diplôme, ils attendent que l'État les appelle pour une embauche. Voilà pourquoi il y a des personnes qui ont rangé leurs diplômes dans les armoires et passent la plupart de leur temps à maudire l'État et sa politique. Alors qu'elles peuvent créer leur propre business ; cependant, elles ne sont formatées à travailler que pour le compte de quelqu'un. Voilà la raison d'un taux de chômage élevé dans ce continent. L'entrepreneuriat dans ces pays n'a pas encore connu un succès fulgurant. Il a encore du chemin à faire et c'est le travail de ceux que nous appelons : les voix d'autorité.

CHAPITRE HUIT

Les voix d'autorité

Il ne s'agit pas de ces fameux remèdes, et de leurs procédés conventionnels appuyés par les visites périodiques des experts qui n'ont aucun intérêt pour notre développement. Mais il est question de voix d'autorité. L'Afrique a grandement besoin des voix d'autorité. Des personnes qui tout d'abord savent que nous sommes couchés et malades depuis longtemps. Elles connaissent elles-mêmes cette souffrance du fait d'être nées et d'avoir vécu dans ce continent riche. Car qui peut aimer sa patrie sinon un patriote ? Ce sont donc avant tout des patriotes. Ils veulent à tout prix que nous passions de la pauvreté à la prospérité, au développement. Il y a en Afrique comme dans tous les autres continents du monde deux catégories de personnes : celles à *voix de pouvoir* et celles à *voix d'autorité*. En fait, les personnes à voix de pouvoir ne jurent que pour leur pouvoir, leur maintien au poste ou à la position qu'ils occupent. Le bien être des personnes qu'elles dirigent leur importe peu. Le développement de la nation qu'elles dirigent n'a pour elles aucun intérêt majeur. Elles sont prêtes à sacrifier des vies pour leur pouvoir, leur fauteuil comme disent les Africains. Elles forcent ou contraignent le peuple par des méthodes de pression pour qu'il les accepte, contre sa volonté, en raison de leur position ou de leur influence. Elles sont prêtes à éliminer tous ceux qui s'opposent à elles, pour continuer à régner. Ces personnes n'œuvrent pas pour le bien-être du peuple, encore moins pour le développement de la nation. Elles ont cette capacité à se faire obéir. Elles utilisent souvent la peur ou la cupidité pour manipuler les gens et obtenir d'eux tout ce qu'elles désirent. Ce sont des vrais dominateurs qui n'ont aucun scrupule à écarter ceux qui se mettent en travers de leur chemin. L'Afrique a connu ou connaît encore ce genre de dirigeants. Je vous laisse le soin d'en citer quelques-uns sur une feuille de brouillon. Ils s'éternisent au pouvoir parce que c'est ce qui leur importe le plus. Ils font tout pour durer longtemps qu'importe si cela se fait au détriment du peuple. Malheureusement, le pouvoir, comme nous le savons, sape les relations avec le peuple et devient dommageable. Ils acceptent d'être impopulaires, pourvu qu'ils conservent ce fameux pouvoir. Ils sont fermés à toute forme d'émancipation parce qu'ils s'imaginent courir le risque de perdre leur pouvoir. Avec de telles voix, il n'est pas surprenant de voir la souffrance recouvrir l'ensemble du pays et s'inviter dans toutes les maisons. Par contre, les personnes à voix d'autorité sont avant tout des patriotes, des personnes qui ont l'amour de leur nation. En outre, ce sont des personnes compétentes dans un domaine bien précis. En d'autres termes, elles ont la maîtrise de leur domaine d'activités. Elles cherchent généralement à communiquer aux autres leurs connaissances et savoirs, les valeurs qui les caractérisent. Elles s'adressent à votre cœur et votre raison. Ce sont des personnes inspirantes, car elles ont une grande force de persuasion, inspirant chez les autres le désir de découvrir leur propre grandeur personnelle. Elles incitent les gens à sortir de leurs coquilles, à surmonter leurs peurs et à se lancer à la poursuite de leurs rêves. Ces rêves qui font que la vie vaut la peine d'être vécue. Leur objectif est d'aider leurs nations à quitter le point A pour se diriger vers le point B, et ainsi de suite. Elles arrivent à susciter auprès des autres de l'engouement à aller vers le changement ou le développement, la prospérité. Elles utilisent leur force de caractère ou leurs passions pour ce domaine précis afin de faire comprendre aux autres, qu'ils peuvent obtenir ce qu'ils désirent en y mettant de la volonté et en s'appuyant sur leurs atouts, leurs richesses. Elles enseignent par-dessus tout « la valeur travail »comme l'élément clé de la création des richesses et du développement. Pour elles, le travail est le seul moyen d'obtenir ce que l'on désire. Ces voix d'autorité stimulent le dynamisme, l'estime de soi et l'amour de la nation. Dans certains pays d'Afrique, plusieurs personnes ont incarné ces voix d'autorité, mais malheureusement elles ont, soit été éliminées, soit incarcérées. Je me souviens encore d'un dirigeant qui était une voix d'autorité dans un pays d'Afrique. En fait lors d'un discours, il a commencé à faire comprendre aux étudiants que leur pays était riche et disposait d'énormes richesses pour sortir de la pauvreté. Il a même pris pour exemple une plante avec laquelle, disait-il on pouvait faire du parfum. Un discours qui avait inspiré la jeunesse de ce pays, et créé un véritable espoir et une détermination pour l'avenir. Malheureusement, cette voix a été mise sous cloche. D'une manière générale, ces voix d'autorité, qui nous inspirent assez de confiance pour que nous les suivions, sont rares. L'Afrique a énormément besoin des voix d'autorité pour sortir de la pauvreté. Elle souffre depuis trop longtemps, et elle en a plus qu'assez des remèdes habituels ou conventionnels. L'Afrique a plutôt besoin des personnes compétentes capables de lui intimer l'ordre de se lever et de prendre son lit, c'est-à-dire ses richesses, et entamer la marche vers le développement. Des voix d'autorité qui communiquent un autre message que celui que l'Afrique a entendu jusqu'à maintenant. Un message qui dit : « *Lève-toi Afrique* ». C'est un tel message, en boucle s'il le faut, que les Africains doivent entendre dans les villes, les cantons, de la part des personnes ayant des voix d'autorité, c'est-à-dire compétentes dans un domaine donné. Au lieu de lui administrer le même traitement, ces personnes comprennent que le remède à sa maladie n'est pas celui proposé depuis des années. Ces voix sont capables de lui communiquer le pouvoir qui l'aide à comprendre qu'elle peut faire ce qu'elle n'avait jamais tenté de faire jusqu'à maintenant. Ces voix lui donneront à travers ces mots le pouvoir de se lever. C'est la voix d'autorité qui a amené la Chine au niveau où elle se trouve aujourd'hui. Cette voix lui a communiqué le pouvoir de faire ce qu'elle ne faisait pas auparavant : être capable de produire en grande quantité et de vendre le surplus. Elle était couchée également, puis un jour des personnes ayant des voix d'autorité lui ont fait comprendre qu'elle pouvait se lever et changer sa situation. Toutefois, on peut avoir dans une nation un dirigeant ou des personnes étant à la fois une voix de pouvoir et une voix d'autorité, comme ce fut le cas en Chine. Mais nous voyons que la voix d'autorité a beaucoup pesé et permis à ce pays de valoriser le travail, ce qui a eu des effets auxquels nous assistons de nos jours. Malheureusement, il y a en Afrique trop de voix de pouvoir et très peu de voix d'autorité. Voilà ce qui explique notre retard. L'Afrique a besoin de plus de voix d'autorité dans tous les domaines afin de sortir ce continent du far niente et écarter toutes les croyances qu'on lui a inculquées vis-à-vis du travail.

Une seule voix d'autorité ne suffit pas, il faut qu'il y en ait plusieurs et à tous les niveaux ou dans toutes les branches de la société. En politique, l'art de gérer les affaires de la cité. Les voix d'autorité sont là pour mettre la politique au service du peuple. Elles travaillent pour le bien-être du peuple et non pour des intérêts égoïstes. Cependant, en Afrique, les politiques sont davantage des personnes à voix de pouvoir : voilà pourquoi les choses ne bougent pas trop. Les gens luttent pour garder leur poste de député, de ministre et autres. Ils n'ont pas de vision pour le développement de leur nation. En agriculture, il faut également des voix d'autorité. La Chine, comme les autres nations, a développé son agriculture pour se nourrir. Les Chinois voulaient l'autosuffisance alimentaire, manger à leur faim, à satiété. Plusieurs voix d'autorité se sont levées pour faire comprendre à la population l'intérêt de cultiver, de travailler la terre, pour se nourrir. Tous se sont lancés dans des activités agricoles, même avec un petit lopin de terre, et cela, grâce donc aux voix d'autorité qui se sont fait entendre dans tout le pays. Ce développement passe aussi par l'éducation et la formation. Les voix d'autorité ont une passion pour la transmission des connaissances et des savoirs pour le développement des compétences. La formation doit aller de pair avec la nature de notre lit, c'est-à-dire de nos richesses. Certains pays ont des ressources pétrolières ou minières, mais aucun centre ou école pour former des personnes qui peuvent être utilisées dans ces secteurs d'activités. Ces voix d'autorité manquent énormément en Afrique, malgré les atouts dont elle dispose. Dans les administrations publiques, le manque de personnes à voix d'autorité fait que le travail n'est pas pris au sérieux. Des comportements irresponsables sont ancrés dans ces offices. On voit par exemple des travailleurs arriver sur le lieu de travail à 11 heures et rentrer chez eux à midi. Ils ne sont restés qu'une heure, parce qu'il n'y a pas de voix d'autorité pour leur apprendre « la valeur travail ». Pour ne parler que de ce cas que j'ai pu observer pendant que j'étais encore en Afrique. Tous les secteurs d'activités en Afrique souffrent d'un manque de voix d'autorité. Le message, « *lève-toi Afrique* », ne peut pas être véhiculé que par une seule voix. L'Afrique a besoin des voix de pouvoir, pour maintenir la sécurité et la paix, mais plus encore des voix d'autorité, pour stimuler la détermination, le dynamisme, et le travail. C'est alors que l'Afrique pourra se lever et amorcer la marche vers le développement.

CHAPITRE NEUF

Lève-toi

C'est ce message que portent et véhiculent souvent les voix d'autorité : « *Lève-toi Afrique* ». En effet, on ne peut dire « lève toi » qu'à une personne qui occupe une certaine position. Cette personne est soit assise, soit couchée. Comme nous l'avons dit, l'Afrique est couchée sur ses richesses. La position couchée est une position horizontale. L'Afrique est dans une position horizontale, celle-ci ne lui permet pas d'accéder au développement. Une personne couchée ou assise ne peut pas atteindre un point de référence en étant dans cette position. Il faut qu'elle change de position avant de commencer sa marche. C'est un mouvement qu'elle doit faire pour quitter sa zone de confort, pour aller vers une destination. L'Afrique est habituée aux remèdes qu'on lui a administrés depuis des années. Si bien que le message des voix d'autorité semble être incompréhensible pour l'Africain. Car les habitudes ont créé des croyances. L'Africain croit fermement que les programmes d'ajustement ou l'aide extérieure sont les seuls remèdes contre sa maladie. Mais les voix d'autorité viennent avec une injonction : « *Lève-toi* ». Les Africains ne croient pas à ce message parce qu'habitués à tendre la main vers l'extérieur. Les voix d'autorité ont la maîtrise de ce qu'elles disent et savent que leur message est la clé de son épanouissement ou de son développement. « *Lève-toi* »peut sembler banal, car certaines personnes croient toujours que ce qui est crédible doit éblouir ou être attrayant ou contraignant à l'image de ces remèdes drastiques, que l'Afrique a acceptés toutes ces années. Toutefois, le message des voix d'autorité n'est pas forcément impressionnant, mais simple et surtout porteur de valeurs. « *Lève-toi* » signifie sortir de sa zone de confort, sa coquille. C'est aussi surmonter ses peurs, ces croyances. L'Afrique a peur de l'isolement. Or pour se développer ou croître, l'isolement est aussi important. S'isoler parce qu'on ne souhaite pas être perturbé ou découragé par des opinions contraires. Souvent, lorsque je passais devant un chantier où les Chinois réalisaient des travaux de construction, le chantier était souvent fermé. Pourquoi ? Parce qu'ils ne veulent pas être perturbés pendant qu'ils sont en pleins travaux. Ils s'isolent pour ne pas être victimes des mauvaises langues. L'isolement s'impose souvent dans la vie de ceux qui veulent aller loin. Car votre opinion ne sera forcément pas celle que partagent les autres. L'Afrique devrait accepter l'isolement pour amorcer son développement. Avoir peur de l'isolement n'est pas justifié, car l'isolement est un chemin obligatoire qui mène à la prospérité ou au développement. Surmonter ses croyances concernant le travail. Effectivement, l'Afrique a longtemps cru que le travail était une forme de servitude. Il faut par l'éducation, aider les Africains à sortir de ces croyances erronées. Le travail n'est pas un asservissement, mais il créé la richesse. Aujourd'hui, les autres continents se sont développés grâce au travail. Ils ont travaillé pour construire des grandes routes, des viaducs, ces grandes infrastructures que nous aimons tant admirer. Ils n'ont pas claqué des doigts, et voilà, les gratte-ciel sont apparus, les routes, les grands boulevards, les hôpitaux, etc... Non, ils ont travaillé avec ténacité pour passer du rêve à la réalité. Se lever, cela veut dire pour l'Afrique passer du rêve à la réalité. Si l'Afrique change sa position, cela veut dire qu'elle accepte de changer sa mentalité, ses croyances, ses habitudes ou ses manières.

Chapitre dix

Prends ton lit

C'est sur son lit que l'Afrique a passé la plupart de son temps. Couchée sur un lit, elle attend son miracle de développement. Elle patiente depuis des années. C'est le seul objet qui lui appartient. Elle a toujours eu ce lit malgré ces experts qui n'ont jamais pris en compte que ce lit peut l'aider à sortir de la pauvreté. Les voix d'autorité sont là pour lui donner l'ordre de se lever, tout en sachant qu'elle ne peut pas entamer la marche vers le développement sans son lit, chose que les experts ne lui ont jamais dit. Le lit ou les richesses est une chose qui lui est propre. Elle s'est couchée sur ses richesses pendant ses longues années de maladie. Le seul moyen de s'en sortir est de commencer par se lever, prendre son lit, c'est-à-dire considérer ses richesses et entamer la marche vers le développement. Ce lit qu'elle a négligé et dont elle n'a pas vu l'importance tout ce temps-là. C'est avec ses richesses qu'elle peut amorcer son développement. L'Afrique ne doit pas rejeter ses valeurs, tout ce qui fait sa force. Il y a des choses qui lui sont propres, qu'elle pourra garder avec elle lorsqu'elle se lèvera et ira vers son développement. Quelles sont ces choses? En plus des richesses naturelles, on peut aussi citer ses valeurs, ses croyances, ses mœurs, ses traditions. Toutes ces choses qu'on lui a laissé croire comme n'étant pas utiles pour son développement. Car on lui a longtemps laissé croire que les mesures drastiques étaient les seuls remèdes contre sa maladie. Parmi ces choses utiles, nous avons également le travail ; on lui a fait croire toutes ces années que le travail était la condition de l'esclave. Elle ne devait pas travailler sinon vivre de l'aide ou de l'assistance venue d'ailleurs. En fait, elle est restée avec l'idée que les autres allaient produire pour elle, et elle n'avait qu'à attendre sagement qu'on puisse lui apporter des produits finis. Comme un enfant qui attend le retour de sa mère partie faire des courses au supermarché. Cette mentalité est celle que nous retrouvons, même dans presque toutes les nations aujourd'hui dépourvues d'industries de transformation de produits bruts. On a demandé à l'Afrique d'attendre sagement les produits finis ou la nourriture. C'est pourquoi, elle a mis de côté la loi du travail, car longtemps on lui a dit que le travail était destiné à satisfaire les intérêts du maître. Si bien qu'aujourd'hui elle ne voit pas l'intérêt de cette grande loi qu'est la loi du travail. Or le développement ne se fera pas sans les choses qui nous sont propres. Le lit symbolise ce que l'on possède comme bien ou ressources. Que possèdes-tu Afrique ? Qu'est-ce qui peut t'aider dans ta marche vers le développement ? Ton lit te sera utile, tes valeurs, tes richesses, tes croyances, ta population. Il y a, entre autres, les jeunes, dont le nombre ne fait que s'accroître. Cette jeunesse sur laquelle l'Afrique peut compter pour tendre vers le développement ou l'essor économique. Ces jeunes sont l'avenir de demain. Pour ce faire on doit les former et les enseigner sur la valeur du travail. Le travail n'est pas seulement un principe humain, mais c'est avant tout un principe divin, donc universel. À cet effet, il faut donc les éduquer et les former afin qu'ils comprennent l'importance du travail comme moteur du développement ou de la prospérité dont ils espèrent tant.

CHAPITRE ONZE

Marche

On a longtemps fait croire à l'Africain que ses richesses n'étaient en apparence pas utiles pour elle, mais plutôt pour les autres. Comme à l'époque de la traite où on lui offrait du sel, des tabacs et autres produits en échange de tout ce qu'il possède. La preuve en est que ces fameux remèdes n'ont pas pris en compte ses richesses. La question que je me suis longtemps posé, est la suivante : Est-ce que ces experts n'ont-ils pas pensé que l'Afrique pouvait se développer grâce à elles? La réponse à cette question m'amène à reformuler une autre question : comment le peuvent-ils? Du moment où ces derniers ne travaillent que pour les intérêts des pays qui les ont mandatés, au détriment donc du développement de l'Afrique. Voilà pourquoi, à la différence des experts, les voix d'autorité viennent avec un message simple: « lève-toi, Afrique, prend tes richesses et commence à marcher vers ton développement ». Toutes ces actions sont indissociables. L'ordre des mouvements est important. Se *lever*, ensuite *prendre* et enfin *marcher*. La marche n'intervient qu'après que l'Africain aura pris son lit ou ses richesses. Elle est la dernière étape du remède que proposent les voix d'autorité. Elles sont conscientes que l'Afrique ne peut pas marcher vers son développement sans ses richesses. Le plus important ou la chose qui fait le lien entre les deux mouvements : ce sont ses richesses. Se lever comme marcher sont deux mouvements qui marquent le changement. Il est question de mobilité. L'Africain doit être soumis à deux mouvements majeurs. Le premier consiste à se lever c'est-à-dire quitter sa position couchée, changer de stature. Ensuite le second mouvement consiste en un déplacement vers l'avant. On peut dire que le premier mouvement est un mouvement vertical. En effet, l'Afrique est restée couchée c'est-à-dire en position horizontale, et il faut qu'elle change de position. Elle doit donc commencer par se lever ou faire un mouvement. Ce mouvement est très significatif. Le deuxième mouvement est un mouvement progressif. L'Afrique ne doit pas rester statique. Elle doit donc s'engager progressivement et quitter le statu quo ou le far niente. L'Afrique doit avancer pas à pas. Le discours doit changer, il ne s'agit plus de chercher à attendre les fameux remèdes des experts, mais de privilégier le message véhiculé par les voix d'autorité. Quand le pouvoir de se lever est transmis aux Africains à travers le message que véhiculent les voix d'autorité, alors j'ai envie de dire que le reste se fait sans difficulté. Aussitôt, c'est-à-dire sans plus tarder, dans les meilleures conditions, l'Afrique amorcera son développement. Il faut donc des voix d'autorité pour que certaines nations comme les nations africaines puissent sortir de la pauvreté.

CHAPITRE DOUZE

Revaloriser le travail

L'Afrique se plaint de souffrir de faim, mais ne fait rien pour produire sa nourriture et atteindre la satiété. La satiété est un état que tout homme cherche à atteindre. Les seules réactions que nous entendons chez les Africains sont les murmures et les plaintes ; le peuple africain désapprouve ses dirigeants parce qu'il a faim. Il ne fait rien pour produire sa propre nourriture, il attend toujours l'aide. Plusieurs nations vivent comme des réfugiés dans leurs propres pays, parce qu'elles dépendent de l'aide extérieure. On se demande si elles sont en guerre. La réponse est non. Mais cependant, elles ont toujours leurs mains tendues pour recevoir de l'aide. Or la satiété est l'état d'une personne dont la faim est entièrement satisfaite, elle est rassasiée jusqu'à dégoût. Toutefois, le peuple africain se remémore quelques souvenirs, des périodes où la nourriture était à la portée de tous et à des prix raisonnables. Il mangeait et avait du pain à satiété c'est-à-dire jusqu'à combler sa faim. Aujourd'hui, le peuple manifeste un profond regret et compare la vie de cette époque-là à celle d'aujourd'hui. Même les produits importés étaient bon marché. L'Africain arrivait à satisfaire tant bien que mal ses besoins nutritifs. Il y avait quelques usines laissées par les colons qui marchaient encore et représentaient des emplois pour les familles. Ce temps est maintenant révolu. Bien que les époques aient changé, le moral de l'Africain est en berne. Il attend que les choses changent d'un coup de baguette magique. Il oublie que ça ne marche pas ainsi, même ailleurs ça n'a jamais été le cas. L'illusion de la manne en échange de leurs richesses semble avoir atteint son apogée. Car on n'atteindra pas le développement en continuant à compter sur l'aide extérieure. Toutefois, il est temps de se demander comment les autres nations ont fait pour arriver là où elles sont aujourd'hui. Le Chinois dira « c'est par le travail que j'ai pu m'en sortir ». La loi du travail est une loi universelle. Pour se développer, la soumission à cette loi est importante. Nous voyons les résultats dans les nations qui l'ont appliqué. Nul n'est censé ignorer la loi, dit-on. Chaque nation a reçu l'ordre d'appliquer cette loi pour le bien-être de sa population et pour son développement. C'est par le travail que la croissance est possible, et le développement s'ensuit. Le travail créé la richesse et permet à un peuple d'obtenir les biens et les services dont il a besoin pour vivre. Les Africains pensent que les autres peuples riches ont plus qu'eux. Non, chacun a ce qu'il veut pour vivre. Eux, ils ont voulu avoir plus et ils ont travaillé pour l'avoir. Voilà pourquoi nous avons l'impression qu'ils possèdent plus. C'est la volonté et le travail qui conduisent au résultat. Aujourd'hui, l'Africain doit se poser les bonnes questions : « Pourquoi je ne mange pas à ma faim ? Pourquoi j'accuse ce retard pourtant je dispose d'énormes richesses ? Où est-ce que j'ai failli ? Quelles erreurs ai-je fait ? Qu'est-ce que je n'ai pas fait correctement ? ». Les pauvres[3] demeurent dans leur pauvreté parce qu'ils pensent que les autres sont plus intelligents qu'eux. Les autres sont-ils plus intelligents

---

[3] Il y a en chacun de nous une personne pauvre et une personne riche. Nous portons aussi un gagnant et un perdant ; Robert Kiyosaki dit « Cela dépend de qui nous voulons faire émerger ». Il nous recommande cependant de faire émerger le gagnant ou la personne riche.

que nous ? N'avons-nous pas une tête comme ils en ont une ? L'Africain est-il dépourvu d'intelligence, ou dirais-je bête ? La réponse à cette question saute aux yeux : l'homme a été dès sa création doté d'intelligence. Celle-ci lui permet de réfléchir et de trouver des solutions pour vivre heureux ou avoir un mieux-être qui le satisfait. L'insatisfaction demeure parce que l'Africain pense que les autres valent mieux que lui et que lui n'a rien. Or la loi du travail a des retombées sur la vie de tous ceux qui l'appliquent. Malheureusement, certains comme les Africains ne veulent pas, ils préfèrent rester assis le long du boulevard des plaintes et des murmures, tout en ayant leurs mains tendues. Bien évidemment, l'insuffisance ou la non satisfaction de ces besoins devrait cependant aussi l'amener à réfléchir sur la manière de les combler. Malheureusement, comme nous l'avons dit, les Africains sont couchés sur leurs richesses et continuent à pleurer sur leur sort. Il ne s'agit pas de continuer à se vanter de ses possessions, mais de trouver comment les valoriser et surtout les transformer sur place. Le moyen efficace pour le faire, reste le travail. Ce n'est que comme cela qu'ils cesseront de vivre au crochet des autres nations. Le travail nourrit et nous distingue des autres. Si la quantité de nourriture n'est pas suffisante, cela veut dire que nous ne travaillons pas suffisamment de sorte à satisfaire nos besoins. Il faut donc revaloriser le travail. Si le travail n'est pas revalorisé, il y aura toujours des bruits assourdissants que sont les murmures, et l'Afrique sera toujours dépendante des autres. Le Chinois a utilisé son intelligence, et c'est à partir de là qu'il a créé un appareil capable de produire suffisamment de richesses. Ne pensez pas qu'il soit meilleur que l'Africain ; observez-le et vous verrez qu'il a la même tête que lui, des yeux, un nez, une bouche, des dents, tout comme lui. Mais il n'a pas laissé son cerveau lui envoyer des messages du genre « tu ne peux pas y arriver » : il a décidé de faire travailler son cerveau et de le mettre à son service. Son cerveau travaille pour lui, pour son bonheur et pour ses idées. La richesse qu'il possède est la preuve qu'il a travaillé sans relâche pour sortir de terre toutes ces choses. Il n'a pas enfoui ses talents, mais il les a exploités au maximum pour gagner au-delà de la norme. Ma nation n'a pas assez : comment faire pour avoir le plus qu'assez. C'est ainsi que le Chinois a réfléchi. Africain, arrête de te plaindre et privilégie plutôt le travail. Les Africains aiment la politique de la main tendue. Or la main qui reçoit est au-dessous de celle qui donne. Le visa d'entrée au développement est simple, voici les conditions à remplir : travaillez, entreprenez ou faites les affaires, et vous aurez assez, voire plus qu'assez, pour vous et les autres nations. Car l'Afrique doit aussi vendre les produits finis et non pas continuer à les acheter. Toutefois, le riche n'est donc pas plus riche, cependant le pauvre comme l'Africain l'ignore. Avons-nous le nécessaire ou ce qu'il faut pour vivre ? Si la réponse est non, alors il est encore temps de rebondir et d'agir comme les Chinois qui cherchent en permanence des créneaux ou des opportunités d'affaires. Le manque ou la non satisfaction des besoins est un message qui parvient de façon différente dans nos oreilles. Les Chinois entendent opportunités d'affaires ou un moyen de produire ce qui manque[4]. Alors que les autres, à

---

[4] Les Chinois produisent pour eux, afin de combler le manque, mais ils produisent également en grande quantité, pour satisfaire la demande mondiale ; ils font des affaires à partir d'un manque qu'ils ont constaté.

l'instar des Africains pensent que c'est l'occasion de tendre la main vers ceux qui les possèdent. Voilà pourquoi, nous avons deux catégories de groupes dans le monde : les donneurs et les receveurs versus les vendeurs et les acheteurs. Il est temps que l'Afrique change son fusil d'épaule et devienne un donneur et un vendeur.

CHAPITRE TREIZE

Faire affaire

Robert Kiyosaki[5] dit: « Si vous voulez avoir ce que vous désirez, vous devez d'abord vendre quelque chose ». Qu'as-tu Afrique chez toi ? Chaque nation a quelque chose à vendre ou à échanger avec les autres. Comme le dit Kiyosaki, « tout homme est né vendeur ». C'est ce que les Chinois ont compris. Nous n'avons pas de pétrole, mais nous pouvons nous spécialiser dans une filière et vendre les biens que nous produisons. La richesse de l'Afrique n'est plus à prouver, c'est un continent riche, fort riche, très riche. Vendre avant d'acheter devrait être le principal objectif de l'Afrique. Ce continent regorge de ressources naturelles qu'on ne trouve pas ailleurs. Cet avantage comparatif dont elle dispose peut rendre son appareil industriel plus compétitif. C'est dans ces

---

[5] Robert Kiyosaki, 2005 : L'école des affaires ; pour les gens qui aiment aider les gens. Editions un monde différent, 223 pages.

secteurs d'activités que l'Afrique doit se spécialiser dans la production des biens qu'elle fait transformer ailleurs. C'est alors qu'on parlera d'affaires. Faire affaire, c'est aussi être capable de négocier les prix, voire de les imposer soi-même; il serait aussi question d'un échange gagnant-gagnant. L'Afrique est un malheureux perdant en affaire. Alors qu'il dispose des richesses dont la demande croit sur les marchés mondiaux, mais elle n'arrive pas à peser dans les échanges. Pour faire affaire, il faut avant tout que les Africains apprennent l'art de la vente. Ce n'est pas une question de produits ou de ce qu'il faut vendre. L'Afrique doit acquérir des compétences dans l'art de la vente. Savoir vendre est la toute première compétence que les Africains doivent acquérir en affaires. « Ce talent est plus important... » comme le dit Robert Kiyosaki, « ...pour quiconque désire s'enrichir ». L'Afrique a beaucoup à vendre, mais elle doit apprendre à devenir un bon vendeur. Jusqu'à maintenant, l'Afrique tâtonne et n'arrive pas à prospérer dans les affaires. Pour avoir du succès dans les affaires, il faut apprendre à faire affaire, c'est-à-dire apprendre à vendre. Apprendre à vendre est important, parce que plus on vend, plus on peut acheter. Car on ne peut acheter à la mesure de que qu'on est capable de vendre. L'Afrique n'arrive pas à vendre pour plusieurs raisons. L'une des raisons c'est qu'elle ne sait pas communiquer sur les biens qu'elle vend. Communiquer sur la valeur des biens et être capable d'en proposer les prix et non pas se laisser imposer les prix. L'autre raison est qu'un continent qui a connu un tel retard ne doit pas continuer à acheter des autres, même ce qu'il doit manger. Toutefois, il doit commencer par produire ce qu'il a l'habitude d'acheter chez les autres ou les transformer : c'est le modèle chinois. L'Africain doit élever son esprit et penser vente plutôt qu'achat : c'est la loi des affaires. Vendre pour acquérir l'argent dont il a besoin pour construire ses infrastructures, longtemps laissées à l'abandon. On n'invente pas la roue ; le modèle chinois en ce qui concerne les affaires, est un modèle que l'Afrique peut imiter. Comme je l'ai dit plus tôt le Chinois a refusé de tout acheter des autres, il produit pour lui, mais aussi pour les autres. Ce n'est pas mal de s'inspirer de ce qui a marché chez les autres et d'essayer de l'appliquer chez soi. Mais ce qui serait mal, c'est de chercher à inventer une roue qui existe déjà. Nous aurons, non pas seulement travaillé pour rien, mais perdu notre temps et notre énergie. Il faut savoir gagner le temps, et le modèle chinois est celui qui pourrait convenir à l'Afrique. La Chine a refusé de dépendre alimentairement des autres. Du coup, elle a refusé toute forme de servitude pour épouser la liberté à travers le travail.

CONCLUSION

L'Afrique a essayé depuis des décennies des remèdes qui n'ont eu que très peu d'effets sur son état. Elle est dépendante de ces procédés conventionnels qui jusqu'à maintenant ne sont que des antidouleurs. La main tendue, elle attend une pièce comme un mendiant qui fait l'aumône dans la rue. De pièces en pièces, l'Afrique en redemande encore. Toutefois, elle n'arrive pas à s'en sortir malgré tout ce qu'on lui offre. Elle continue de manger dans les plats des autres alors qu'elle dispose d'énormes richesses qui peuvent nourrir les autres nations. Comme un malade qui a essayé beaucoup de remèdes sans résultat apparent. Il est temps que l'Afrique essaie d'autres remèdes qui ont marché dans d'autres continents : *les voix d'autorité*. Des personnes à voix d'autorité inspirent la confiance et la détermination. Elles sont cependant rares et l'Afrique en manque cruellement. Alors qu'elle se bat à trouver les solutions ailleurs, elle est loin de s'imaginer que le développement est avant tout une affaire de volonté. Celle-ci peut être stimulée par les voix d'autorité. Par conséquent, elle ne peut pas bâtir ce développement avec des croyances erronées sur le travail. Longtemps considéré comme un asservissement, le travail créé pourtant la richesse. Il représente le maillon fort du développement. L'Afrique doit faire du travail, le fer de lance pour sortir de la pauvreté. L'Afrique doit voir le travail autrement que de la manière dont elle l'a toujours considéré. Enfin, aucun pays ne s'est développé avec l'aide extérieure ; toutefois, le travail a permis à plusieurs de générer la croissance et d'atteindre le développement.

TABLE DES MATIERES

REMERCIEMENTS

Je remercie Dieu, source de toute grâce excellente.

À ma famille, veuillez trouver ici ma profonde reconnaissance pour votre amour et votre soutien.

À mon père Marcel IMBOU qui m'avait suggéré d'écrire sur ce sujet après lui avoir soumis ma réflexion sur le développement de l'Afrique, j'exprime toute mon affection.

Au pasteur Bill KALALA, je te remercie de m'avoir adoptée comme ta fille.

À tous ceux qui de loin ou de près me permettent de continuer à croire en mes rêves, je vous témoigne toute ma considération.

OUVRAGES DU MEME AUTEUR

Les organisations paysannes en République du Congo : émergence et signification des dynamiques organisationnelles dans le secteur agricole en zones périurbaines et rurales, Edition Connaissances et Savoirs 2016, 598 pages.

Les tueurs de visions : Quand la vision meurt sur les genoux, Edition Books on Demand, 2021, 154 pages.

À mon ami Tom : ce que je n'ai pas pu te dire, c'est que la différence est une identité universelle, Edition Books on Demand, 2021, 112 pages.

Comment vivre sa jeunesse dans un monde qui bouge : 21 secrets pour réussir la traversée de cet âge d'or, Edition Books on Demand, 2002, 139 pages.

NOTES PERSONNELLES